Hermann Multhaupt

Die Legende der Heiligen Drei Könige

nach Johannes von Hildesheim

Jan Gossaert, Anbetung der Könige (1510–1515), London, National Gallery

Hermann Multhaupt

Die Legende der Heiligen Drei Könige

nach Johannes von Hildesheim

beNNo

Abb. S. 36/37: Lorenzo Monaco, Anbetung der Könige, 1414, Florenz, Uffizien

Abb. S. 64: Bayerische Staatsbibliothek München, P.lat. 848, Scan5,
urn:nbn:de:bvb:12-bsb10743281-5

Bibliografische Information der Deutschen Nationalbibliothek
Die Deutsche Nationalbibliothek verzeichnet diese Publikation in der Deutschen Nationalbiblio-
grafie; detaillierte bibliografische Daten sind im Internet unter http://dnb.d-nb.de abrufbar.

Besuchen Sie uns im Internet:
www.st-benno.de

Gern informieren wir Sie unverbindlich und aktuell auch in unserem Newsletter zum Verlagspro-
gramm, zu Neuerscheinungen und Aktionen.
Einfach anmelden unter www.vivat.de.

ISBN 978-3-7462-6449-3

© St. Benno Verlag GmbH, Leipzig
Umschlaggestaltung: Ulrike Vetter, Leipzig
Titelbild: Giotto di Bondone, Anbetung der Heiligen Drei Könige, 1303–1305, Fresko, Padua,
Cappella degli Scrovegni
Gesamtherstellung: Arnold & Domnick, Leipzig (A)

Inhaltsverzeichnis

Die Legende
der Heiligen Drei Könige

I.

Dieses Buch habe ich, Johannes von Hildesheim, geschrieben und aufgezeichnet zu Ehren der drei heiligen Könige, die in Köln begraben liegen, und in Erinnerung an den ungewöhnlichen Planeten, der das All durchleuchtete und die Welt durch sein Erscheinen in Atem hielt. Wie die Könige nach Köln kamen, soll in dieser Schrift erläutert und gerühmt werden, aber vor allem auch, wie sie mithilfe eines Sterns den Weg fanden zu unserem Herrn Jesus Christus und ihn als Gott und Mensch erkannten. Es erfüllte sich in jener Zeit das Wort des medianitischen Priesters Balaam, der prophetische Gaben besaß, und der also geweissagt hatte: „Es geht ein Stern auf von Jakob und wird ein Mensch geboren in Israel, der soll herrschen über alle Heiden."

Doch zunächst ein Wort zu mir. Meine Eltern haben mich Johannes geheißen, und da ich aus Hildesheim stamme, haben spätere Generationen schlicht „von Hildesheim" hinzugefügt. Als Karmelit gehöre ich dem Orden der Brüder der seligsten Jungfrau Maria vom Berge Karmel an, der um die Mitte des 12. Jahrhunderts in der Nähe des Eliasbrunnens auf dem Berge Karmel in Palästina entstand. Mit der Geschichte der Heiligen Drei Könige war ich zeitlebens verbunden.

Ihr müsst wissen, dass es zu der Zeit, da die Israeliten Ägypten verlassen, unversehrt das Rote Meer bezwungen und das gelobte Land gefunden hatten, in Indien einen hohen Berg gab mit Namen Vaus. Auf diesem Berg bauten die Fürsten des Landes einen Aussichtsturm, eine Warte, von der ihre Späher ins Land schauten, ob sich ein jüdisches oder römisches oder fremdes Heer sehen ließe, um ihnen Gewalt anzutun. Wenn die Wächter eine unbekannte Streitmacht erblickten, so zündeten sie Feuer an, um die Städte und Dörfer zu warnen.

II.

Die Prophezeiung des Balaam sprach sich selbst bis nach Indien herum, und als sie den Herrschern bekannt wurde, so beratschlagten sie, was zu tun sei, und kamen überein, die Wächter auf dem Berge Vaus um noch größere Obacht zu bitten. Sie sagten zu ihnen: „Wir zahlen euch doppelten Lohn, wenn ihr ein fremdes Licht am Himmel erblickt oder einen nie geschauten Stern. Dann gebt uns Nachricht, so rasch ihr könnt, es soll euer Schaden nicht sein." Denn sie hofften insgeheim, die prophetische Schau des Balaam möchte sich noch zu ihren Lebzeiten erfüllen, so groß war ihre Sehnsucht nach dem Licht ...

Es waren ihrer viele, die auf die Erfüllung der Weissagung hofften, vor allem aber jene vornehmen Herren, die man auch „die von Indien" nannte. Sie harrten und gingen mit sich zurate und suchten schließlich zwölf Sterndeuter, zwölf weise Männer. Sie boten ihnen viel Geld, damit sie auf dem Berge Vaus mit den Wächtern Obacht gaben und warteten, bis der Stern aufginge, auf den die Worte des Balaam passten, auf dass sie gewahr würden, wo der Herr geboren werde, dem der Stern diene und der herrschen sollte über alle Welt. Es war auch beschlossen, dass ein jeder aus der Schar der Zwölf, den der Tod hinwegnahm, sogleich durch einen neuen Sternseher ersetzt werde.

III.

Da nun die zwölf Sterndeuter in Indien unentwegt wachten und forschten, wo der Stern aufginge, da tat Gott das große Wunder, indem er sich erbarmte über die sündige Zeit und seinen eingeborenen Sohn Mensch werden ließ durch Maria, die reine Magd.

Damals regierte ein Kaiser, Octavianus mit Namen, der besaß so viel Gewalt, dass ihm die ganze Welt gehorsam war. Im zweiundvierzigsten Jahr seines Reiches gab er den Befehl, dass jedermann dahin gehen sollte, wo er geboren wäre, damit er dem Kaiser Zins zahle. Das war ein Pfennig pro Person. Nach der Zahl der Pfennige errechnete man die Zahl der Menschen im weiten Reich.

Nun wohnte Josef, Marias versprochener Mann, mit Unserer Lieben Frau in der Stadt Nazareth. Er war aber geboren wie seine Voreltern in Bethlehem, der Stadt Davids. Um dem Kaiser gehorsam zu sein, zogen sie gemeinsam, um ihm ihren Pfennig zu bringen. Als sie jedoch nach Bethlehem reisten, da war auch die Zeit nahe, dass Maria ihr Kind gebären sollte, unseren lieben Herrn.

Maria und Josef aber fanden keinen Platz in den Herbergen, denn nach Verfügung des Kaisers waren zur selben Stunde viele Leute nach Bethlehem gekommen. Josef durcheilte alle Gassen und fand zuletzt einen Schuppen, der lehnte an einer Mauer; er war vor alten Zeiten eine Hofstätte Jesses gewesen, des Vaters Davids. Durch die Mauer führte ein Loch wie eine Tür in die wüste Wohnung, die lange Jahre kein Mensch mehr betreten hatte.

An der Wand stand eine kleine Krippe aus Stein. Daran band Josef das Eselein. Vor dem Schuppen befand sich ein Wochenmarkt, wo man Holz, Brot, Salz, alte Kleider und manches sonst feilhielt. Die Leute aus den Dörfern stellten ihre Esel und Rinder im Schuppen ein. Josef fand, als er kam, bereits ein Rind an der Krippe stehen. Manche berichten nun, das Rind wäre Josefs Tier gewesen, und er hätte es mitgebracht, um es in Zeiten größter Not zu verkaufen. Davon aber spricht dieses Buch nicht; es sagt vielmehr, das Rind sei Eigentum eines armen Mannes gewesen, der ebenfalls diese Nacht nirgends unterkommen konnte.

In diesem armen, wüsten und engen Stall gebar Maria den Gottessohn Jesus Christus, den Trost der Welt. Maria fand aber keinen Platz, wo sie ihr Kind hinlegen konnte. Und so richtete sie die Krippe her vor dem Esel und dem Rind, und wickelte es in Tücher und bettete es auf ein wenig Heu.

IV.

Derweil wachten die zwölf Sterndeuter in Indien allezeit und hielten Ausschau, wo der Stern aufginge, von dem Balaam gesprochen hatte. Da tat Gott das verheißene Wunder und ließ den Stern erstrahlen so hell wie die Sonne. Er stand hoch in den Lüften und erleuchtete alle Lande. Wie ein Adler schwebte er über den Bergen. Er stand still bei Nacht und Tag, und die Sonne konnte ihn nicht vertreiben. In sich trug der Stern die Gestalt eines Kindleins und das Zeichen des heiligen Kreuzes. Und man hörte eine Stimme aus dem Stern, die sprach: „Heute ist geboren der König der Juden, auf den die Völker gewartet haben seit langer Zeit. Er soll über sie herrschen."
Der Stern ward in ganz Indien gesehen. Alles Volk freute sich und zweifelte nicht, dass es der Stern sei, von dem der Prophet Balaam gesprochen hatte.

Nun ist das Indien, von dem wir reden, nicht ein einziges Land. Man muss wissen, dass es dreierlei Indien gibt. Hohe Berge trennen sie voneinander, und es ist mühsam und gefährlich, aus einem Land in das andere zu gelangen. Jeder der uns bekannten drei vornehmen Herren war König über eines der Indien. Als der Stern erschien, weilten sie nicht beieinander, sondern ein jeglicher von ihnen war in seinem Reich und wusste nichts vom anderen.
Als sie den Stern am Himmel sahen und die Stimme hörten, die aus ihm sprach, bereiteten sie eine große Reise vor mit Kamelen und Pferden, Dienern und Gesinde, mit herrlichen Gewändern und köstlichen Gaben. Sie sorgten auch für Hausrat und Speise und richteten sich auf eine lange Reise ein, um den neugeborenen König zu finden und ihn in Kindsgestalt anzubeten …

V.

Das erste Indien von den dreien war das Königreich Nubien, das der König Melchior besaß. Zu Nubien gehört Arabien. Dort ist alles Erdreich rot, und was in dem Lande wächst, Stein und Holz, ist ebenfalls rot. Sogar das Gold, das man da gräbt, ist von rötlicher Farbe.

Das andere Indien heißt Godolia, in dem König Balthasar herrschte. In diesem Königreich liegt ein Land mit Namen Saba, wo mancherlei Gewürze wachsen. Aus ihm stammt der allerbeste Weihrauch; er läuft aus den Bäumen.

Im dritten Indien liegt das Königreich Tharsis. Zu ihm gehört die berühmte Insel Eyrisculla, wo mehr Myrrhe wächst als in anderen Landen. Sie sieht aus wie verbrannte Ähren. Wenn sie reif wird, ist sie so weich, dass sie sich dem, der durchs Feld geht, an die Kleider haftet. Man zieht auch Seile und Schnüre durch das Kraut, an denen bleibt die Myrrhe hängen, sodass man sie ernten kann wie weichen Wachs.

VI.

Nun also begab sich ein jeder der drei Könige, ohne vom Aufbruch der anderen zu wissen, mit großem Gefolge auf die Reise. Der Stern ging vor allen dreien her. Wenn sie anhielten, um den Weg zu erkunden, so blieb er wartend stehen, brachen sie auf, so wanderte er weiter. In der Nacht zeigte er sich in Gestalt der Sonne und war so hell, dass alle Leute meinten, es wäre Tag. Sie liefen in den Städten zusammen und staunten über das Wunder, das mit den drei Königen Einzug hielt, und wussten nicht, wer die Fremden seien und was sie von der sonderbaren Erscheinung halten sollten.

War es aber Tag, so sahen die Menschen den Weg, den die Karawanen nahmen,

Mosaik der Heiligen Drei Könige in der Basilika von San Appolinaire Nuovo, Ravenna, Italien. 6. Jahrhundert

die Fußstapfen und Hufschläge. „Wie kann es geschehen", sagten sie, „dass die Reiter so unbeschwert vorankommen, ist das Land doch voller Sümpfe und Hindernisse?"

Sie wussten nicht, dass der allmächtige Gott in seiner unendlichen Güte es zuließ, dass die Pilger die Straßen vor ihrem inneren Auge trocken und begehbar fanden und die Beschwernisse nicht spürten. Denn das ist eines der großen Geheimnisse des Himmels, dass er dem, den die Sehnsucht treibt, die Berge abträgt und die Täler auffüllt, sodass er geebneten Weges seinem Ziel zustrebt.

Die Könige ruhten nicht, sie schliefen nicht. Sie aßen nicht, noch tranken sie, sie suchten keine Herberge. Auch ihre Diener, die Begleiter und die Tiere verspürten nicht das Bedürfnis dazu. So kamen sie schnell voran und ihrem Ziele näher. Erst als sie in Bethlehem ihr Gebet verrichtet und dem Jesuskind geopfert hatten, da aßen und tranken sie, da ruhten sie sich aus und schliefen, bis der Engel sie weckte.

VII.

Noch aber waren sie unterwegs. Noch führte sie der Stern. Doch mag Gott an den dreien das Wunder gewirkt haben wie beim Propheten Habakuk, der den Schnittern auf dem Felde das Essen bringen sollte. Der Engel Gottes geleitete ihn in einer Stunde gen Babylonien, wo Daniel gefangen lag, um ihn zu speisen, und in derselben Zeit zurück an den Ort, wo er sich befunden hatte. Und dabei sind doch zwischen Judäa und Babylonien mehr denn hundert Meilen zu Wasser und zu Land. Der Herr ließ es zu, dass die drei Könige in dreizehn Tagen von Indien nach Judäa gelangten …

Als sich die drei Könige auf getrennten Wegen bis auf zwei Meilen Jerusalem genähert hatten, zog dichter Nebel auf und überschwemmte das Land. Da verloren sie den Stern. Nun begab es sich, dass König Melchior in die Nähe des Berges Calvaria kam, auf dem man Missetäter richtete und wo später unser Herr Jesus Christus gekreuzigt ward. Dort blieb König Melchior und mit ihm alle die Seinen, denn der Nebel schwoll an und wollte nicht weichen. Zur selben Zeit kam auch König Balthasar von Saba und Godolia mit seiner Begleitung in der Nähe von Jerusalem an und lagerte am Ölberg.

Als die beiden Könige, ohne voneinander zu wissen, dort warteten, da hob der Nebel den Vorhang. Doch der Stern zeigte sich nicht. So setzten sie also die Reise nach Jerusalem fort, ohne sich zu erkennen. Indem kam auch König Caspar von Tharsis mit seinem Zug auf der dritten Straße zum Berg Calvaria, und, da der Nebel sich lichtete, eilte auch er auf Jerusalem zu. Vor den Toren der Stadt trafen die drei Herren zusammen. Zunächst fingen die Bediensteten an, miteinander zu reden, woher sie kämen und wohin sie wollten, und da die Verwunderung über das gemeinsame Reiseziel groß war, so teilte sich die Freude den drei Königen mit. Sie machten sich miteinander bekannt, umarmten und küssten sich und waren froh, aus gleicher Ursache hierher geritten zu sein. Sie zogen also zusammen in Jerusalem ein, denn wo außer in der Hauptstadt hätten sie den verheißenen Herrscher vermuten sollen?

Nun war die Zahl der Knechte und Diener so zahlreich, dass ein Teil von ihnen vor der Stadt bleiben musste. Das beunruhigte die Bewohner Jerusalems, denn sie dachten, dass man sie belagern wolle. Da erschrak König Herodes und mit ihm wehklagten alle die Seinen. Als nun die drei Könige fragten: „Wo ist der neue Herr dieses Landes geboren?", da erschrak Herodes noch mehr, denn er fürchtete Krieg und die Zerstörung seines Reiches.

Die Gäste erkundigten sich abermals und erklärten: „Wir haben seinen Stern im Orient gesehen und sind mit Gaben gekommen, um den neuen Herrscher zu ehren." Herodes sandte heimlich nach den Ältesten und Weisen seines Landes und ließ sie fragen, wo der neue König solle geboren werden. Die Ratgeber erwiderten: „Zu Bethlehem in Juda. Denn also spricht der Prophet: ‚Du bist nicht die mindeste unter den Fürstenstädten Judä, denn in dir wird geboren werden der König, der mein Volk regieren soll.'"

Da nahm Herodes die Könige im Stillen beiseite und erkundete die Zeit, da der Stern ihnen erschienen war. Und er sagte ihnen, sie möchten nach Bethlehem vorausgehen.

Siehe da, der Stern, der ihnen den Weg gewiesen, ging abermals vor den Königen her. Sie kamen an die Stätte, wo der Engel in der Christnacht den Hirten den Gruß des Friedens entboten und die Geburt des Gottessohnes verkündet hatte. Die Hirten erzählten voll Freude, was ihnen in der Heiligen Nacht widerfahren war und wie sie das Kind gefunden hatten. Das hörten die Herren gar gern, und sie ritten fröhlich weiter. So also gelangten sie nach Bethlehem.

Sie rasteten eine kleine Weile, legten ihre königlichen Gewänder an, damit sie dem neuen Herrscher ähnlich sähen, und suchten nach seiner fürstlichen Wohnstatt. Als sie nun die Straße betraten, an deren Ende der geringe Schuppen lag, da blieb der Stern stehen und wollte nicht weitergehen. Und er senkte sich über die Hütte und verbreitete einen solchen Glanz, dass das Haus und alle in ihm von seinem Schein durchdrungen wurden.

VIII.

Zu der Zeit, da die drei Könige ihre Opfergaben überreichten, war Jesus dreizehn Tage alt. Noch immer lag er, in geringe Tücher gewunden, in der Krippe auf Heu. Seine Mutter war groß von Statur und hatte ein bräunliches Gesicht. Sie trug einen schlechten blauen Mantel. Die drei Könige aber waren herrlich gekleidet. Melchior, der König von Nubien und Arabien, der dem Kind Gold schenkte, war der kleinste von ihnen. Balthasar, der König von Godolia und Saba, der ihm Weihrauch opferte, der mittlere. Und Caspar, der König von Tharsis, der die Myrrhe darbrachte, war der größte von Gestalt und zudem ein Mohr. Das soll euch nicht verwundern, denn es ist geweissagt durch den Propheten in dem Psalter „Coram illo procedunt Aethiopes". Man muss auch wissen, dass die Leute umso kleiner sind, je näher sie dem Aufgang der Sonne zu wohnen. Kräuter und Würmer und

Albrecht Dürer, Anbetung der Könige, 1504, Florenz, Uffizien

Getier aller Art sind viel hitziger und stärker als hierzulande. Das gilt auch für das Geflügel, sei es wild oder zahm.

IX.

Die drei Könige brachten neben den genannten Opfergaben weitere Geschenke mit. Sie besaßen nämlich große Schätze, die von ihren Vorfahren stammten, darunter das Erbe des großen Alexander, die Gastgeschenke, die die Königin von Saba dem König Salomon verehrt hatte, und alles, was König Salomon Gott zum Ruhme anfertigen ließ. Diesen Reichtum führten die Pilger mit und gedachten, ihn dem neuen König zu überlassen.

Als sie aber das elende Hüttchen betraten und die Krippe sahen, in der Jesus lag, da weitete sich ihnen das Herz und sie waren sprachlos vor Glück. Vor seligem Schreck wussten sie nicht, was sie zuerst oder zuletzt tun sollten. Also griffen sie geschwind in die Säcke, und was einem jeden in die Hände kam, das opferte er, und darüber vergaßen sie die Herrlichkeiten, die sie sonst noch mitgebracht hatten.

Melchior überreichte dreißig goldene Pfennige sowie einen goldenen Apfel, gerade so, wie sie ihm in die Hände fielen. Balthasar gab Weihrauch, Caspar die Myrrhe. Sie waren so glücklich und benommen vom Anblick des Kindes, dass sie kaum wahrnahmen, wie Maria zu ihnen sprach, und was sie sagte, vergaßen sie, außer: „Dank sei Gott!"

Der goldene Apfel, den König Melchior neben den dreißig goldenen Pfennigen dem Herrn opferte, gehörte einst dem großen König Alexander. Er hatte den Apfel so gefügig machen lassen, dass er ihn mit einer Hand umgreifen konnte als Urkunde, dass er die ganze Welt bezwungen, und zum Zeichen, dass die Welt rund wie ein Apfel sei. Kaum aber hatte Melchior dem Kind den Apfel in die Hand gegeben, da zerfiel er zu Asche, denn alle irdische Gewalt ist vor Gott eitel und zerfällt in Staub.

X.

Nachdem die erlauchten Herren aus den drei Indien dem Königskind ihre Aufwartung gemacht, das Gesinde und die Knechte gespeist und sie selbst gegessen hatten, legten sie sich mit ihren Dienern zur Ruhe und schliefen einen ganzen Tag und eine Nacht. In der Nacht aber erschien ihnen der Engel Gottes im Schlaf und warnte: „Geht nicht zu Herodes zurück, sondern wählt einen anderen Weg in eure Heimat."

Sie berieten sich und beschlossen, dem Rat des Engels zu folgen. Sie brachen gemeinsam auf und zogen zu Lande nach Hause. Für die Reise brauchten sie zwei Jahre, denn nun schien der Stern nicht mehr, und ihr Weg unterlag den Gesetzen der Erde. Sie kehrten zur Nachtruhe in Herbergen ein, mussten essen und trinken, die Tiere versorgen und die Mühsal der Reise erdulden. Wo sie aber übernachteten, da erzählten sie von ihrem himmlischen Erlebnis und wie sie das göttliche Kind geehrt hatten. So sprach sich in den Ländern herum, was sich in Bethlehem zugetragen, und wurde offenbar, wohin die Könige kamen.

Sie kehrten gesund zum Berge Vaus zurück, an den Ort, an dem der Stern zuerst erschienen war. Sie erbauten eine Kapelle auf dem Gipfel des Berges zum Lob und zu Ehren des jungen Königs, den sie gesucht und gefunden hatten.

Am Fuß des Berges, in der Stadt Stulla, ruhten sie von der langen Reise aus. Sie wählten einen gemeinsamen Begräbnisort, denn wenn sie stürben, wollten sie alle drei zusammen ruhen. Sie gelobten einander, sich hier alle Jahre einmal zu treffen, und wenn es daraufhin geschah, ritten ihnen die Vornehmsten des Landes mit großem Gefolge entgegen und priesen Gott, der das große Wunder der Geburt seines Sohnes gewirkt hatte.

Die Könige redeten und predigten davon in allen Ländern, in die sie kamen. Sie brachten dem Herrn Opfer dar und lebten demütig und unberührt von den Verlockungen der Welt. Und es geschah, dass viele Heiden in ihren Tempeln einen Stern aufstellten, in dem das Bild eines Kindes zu sehen war.

XI.

Als Herodes vernahm, dass die drei Könige ihn genarrt hatten, erzürnte er. Er rüstete ein Heer und jagte ihnen nach. Doch überall, wo er hinkam, hörte er das Volk nur Gutes über sie sagen; das verdross ihn sehr.

Auf seinem Rachezug kam er in eine Stadt, wo die Könige den Fluss überquert hatten. Da ließ er die Schiffe verbrennen und das Land zerstören. Nachdem er vielerorts Furcht und Schrecken verbreitet hatte, zog er mit seinem Gefolge heimwärts. Dort erfuhr er schließlich die wahre Begebenheit, nämlich dass die Fremden gegen den natürlichen Lauf der Dinge in dreizehn Tagen aus Indien nach Bethlehem gereist waren. Da staunte Herodes, zugleich aber entfachte der Bericht seinen Zorn noch mehr.

Deshalb kam die Mär auf, die drei Könige seien Zauberer gewesen, und sie hätten sich der schwarzen Kunst bedient. Andere bezeichneten sie als Sterndeuter, weil die Kraft des Sterns sie ans Ziel geführt habe. So nannte man sie fortan auch „Magos" oder „Magier", was so viel ist wie Zauberer und Sternseher.

XII.

Doch nicht nur Herodes, die ganze Stadt Jerusalem geriet in Aufruhr wegen der Geburt des Kindes, von dem die Hirten und die drei Könige Kunde gaben. Maria und Josef erkannten die Gefahr, die ihnen von den Mächtigen drohte. Sie flohen aus der armseligen Hütte und versteckten sich an einem anderen, nicht weniger ärmlichen Ort. Dort blieben sie, bis Maria das Kind in den Tempel trug, um das Gesetz des Moses zu erfüllen, und wo der greise Simeon und Anna, die ehrbare Witwe, prophetische Worte sprachen.

In der Eile des Aufbruchs aus dem Stall und vor Schreck vergaß Maria die Tüchlein, in die Jesus gewickelt war, und ihr eigenes Hemd. Sie blieben an der Krippe liegen bis zu dem Tag, da die Kaiserin Helena, Constantins Mutter, sie fand, frisch und ganz wie in früherer Zeit. Und es waren mehr als zweihundert Jahre seither vergangen. Auch wenn der Stall wüst und verfallen stand, so blieben doch das Hemd und die Tücher unversehrt, wie es wohl billig ist, wenn sie so reine und heilige Körper bedeckten.

An der Stelle, wo sich der Stall befand, erbaute die fromme Helena eine schöne Kapelle zu Ehren der Heiligen Drei Könige und des heiligen Nikolaus. Dort sieht man noch einen Stein, auf dem einst Unsere Liebe Frau saß und ihr Kind stillte. Dabei fiel ein Tropfen Milch auf den Stein. Die Farbe der Milch ist noch heute zu sehen und niemand kann sie abschaben ...

XIII.

Eines Nachts erschien der Engel des Herrn dem Josef im Schlaf und sprach: „Steh auf, nimm das Kind und seine Mutter und flieh ins Ägypterland. Dort bleibe, bis ich dir Nachricht gebe. Denn Herodes wird das Kind suchen lassen, um es zu töten."
Da stand Josef auf, nahm das Kind und seine liebe Mutter und ging bei Nacht außer Landes. Von Jerusalem bis an den Ort im Ägypterreich, der ihnen als Zuflucht diente, sind es zwölf Tagesreisen. Maria nahm im Gepäck auch die Geschenke der drei Könige mit, den Weihrauch, die Myrrhe und den Goldschatz, die dreißig Pfennige. Sie knüpfte alles in ein Tuch.
Aber das Unglück wollte es, dass sie das Tüchlein in der Wüste verlor. Ein Hirte, der sein Vieh hütete, fand den Schatz und behielt ihn bis in die Zeit, als der Sohn Gottes in Judäa predigte.
Nun geschah es, dass der Hirt schwer erkrankte und keine Heilung fand. Da hörte

er von Jesus und von seinen Wundern und auch, dass er alle Kranken gesund machen könne. Da nahm der Hirt den Schatz, machte sich auf, bis er den Herrn gefunden hatte, und flehte: „Meister, heile mich von meiner Krankheit." Da Jesus keinem Menschen eine Bitte abschlagen konnte, heilte er ihn von seinem Gebrechen. Zum Dank überreichte ihm der Hirt den Schatz. Unser Herr, der wohl wusste, woher das Gold, der Weihrauch und die Myrrhe stammten, trug dem Hirten auf, die Gaben im Tempel zu opfern. Der Priester legte die goldenen Pfennige in den Opferstock, den Weihrauch verbrannte er auf dem Altar, die Myrrhe hob er sorgfältig auf. Aus ihr wurde der bittere Trank gemischt, als Gottes Sohn am Kreuz hing und sprach: „Mich dürstet." Einen Teil der Myrrhe verwendete Nicodemus beim Begräbnis des Herrn.

An der Straße, auf der Maria ins Exil ritt, wachsen dürre Rosen, die heißen „Rosen von Jericho". Man findet sie nirgends sonst auf der Welt. Diese Rosen gebrauchen die Frauen der Sarazenen gern, wenn sie in Kindsnöten sind. Die Hirten, die nachts bei ihren Schafen sind, brechen von den Rosen, um sie den Pilgern und Kaufleuten zu geben. So gelangen sie weit in die Welt und erinnern an die Flucht der Heiligen Familie nach Ägypten.

XIV.

Unsere Liebe Frau, Josef und das Jesuskind wohnten in Ägypten in der Nähe der Städte Neubabylon und Kairo, wo heute der Sultan seine Residenz hat. Diese Orte liegen dicht beieinander und sind siebenmal so groß wie Paris.
An die Wohnung der Heiligen Familie erinnert heute ein Balsamgarten. Er ist nicht groß, doch enthält er sieben Brunnen, in denen die Gottesmutter die Windeln wusch. Dieser Balsam wächst auf Stängeln etwa von der Größe einer Elle*. Die Stauden sehen aus wie Rosenbüsche und die Blätter wie Klee. Jede Staude

Jörg Breu d. Ä., Die Flucht nach Ägypten, 1502, Melker Altar, Stift Melk

hat einen eigenen Hüter, der über sie wacht, als wäre sie sein eigener Leib. Er ist für sie verantwortlich, muss sie pflegen und begießen. Dieser Hüter muss ein Christ sein.

Im März bemüht sich der Sultan selbst in den Garten. Er schneidet das Holz, wie man Reben stutzt. Die Schnitte werden mit Seide umwickelt. Darauf hängt man je ein silbernes Fläschchen daran. Nun träufelt Balsam durch die Seide in die Gefäße. Wenn das Tröpfeln aufgehört hat, so nimmt der Sultan den Balsam und bewahrt ihn als eine Kostbarkeit. Wenn nun Könige und Fürsten zum Sultan um Balsam senden, so händigt er ihnen ein wenig davon aus, etwa ein Gläschen von der Größe eines Fingers.

Hat der Sultan den Garten verlassen, so nimmt jeder Hüter das abgeschnittene Holz der ihm anvertrauten Staude und siedet es in einem reinen Geschirr. Was nun aus dem Holz tritt, schwimmt an der Wasseroberfläche wie eine Lache Öl. Dieser Balsam ist dick und sieht aus wie junger Most. Wenn sich nun ein Mensch verletzt, sei es, dass er fällt oder sich die Glieder quetscht, und man die Wunde sogleich mit dem Balsam bestreicht, so schließt sich die Wunde und vergeht, und der Verletzte ist augenblicklich gesund. Diesen Balsam verkaufen die Hüter der Stauden an die Pilger, die ihn in alle Welt verbreiten.

Nun ist aber dieser Balsam mit dem, der aus den abgeschnittenen Ästchen tropft und in Silbergefäßen aufgefangen wird, nicht zu vergleichen. Denn wenn man von diesem ein Tröpfchen auf die Hand fallen lässt, so durchdringt es die Handfläche und tritt auf der anderen Seite heraus. Die Stelle, durch die der Balsam gegangen ist, wird nie faulen. Diesen Balsam nennt man wohl auch den reinen, während der andere der gesottene genannt wird.

Über die Entstehung des Balsams erzählt man sich im Morgenland, dass Maria in dem Gärtlein die Tücher für ihr Kind wusch und sie zum Trocknen an den Stauden aufhing. Deshalb dürfen auch nur Christen die Stauden hüten. Man hat oft versucht, anderen Menschen die Pflege des Gartens zu übertragen. Aber dann verdorrten die Stauden und verdarben, und erst wenn man die Christen zurückrief, schlugen sie wieder aus ...

* Elle = Längenmaß zwischen 55 und 83 cm

XV.

Nachdem die Heilige Familie sieben Jahre unter den Ägyptern gelebt hatte und Herodes gestorben war, sprach der Engel des Herrn zu Josef: „Mach dich auf, nimm das Kind und seine Mutter und ziehe aus Ägypten wieder in der Juden Land, denn die, die dem Kind nach dem Leben trachteten, sind nicht mehr."
Da brach Josef auf und zog in die Heimat zurück. Als er aber hörte, dass Herodes' Sohn an des Vaters statt herrschte, scheute er sich, nach Jerusalem zu gehen. Er siedelte in der kleinen Stadt Nazareth. Hier nun wuchs Jesus vollends heran. Wie er lebte, was er tat und was mit ihm geschah, bis er gen Himmel fuhr, darüber berichten die Evangelien.

XVI.

Als die zwölf Apostel von Christus in alle Welt gesandt worden waren, das Evangelium zu predigen und die Völker zu taufen, da reiste der Apostel Thomas nach Indien, deren Bewohner schon von der christlichen Lehre gehört hatten. Denn die Heiligen Drei Könige, die die Kindheit unseres Herrn geschaut, hatten seine Geburt in allen Städten und Dörfern verkündet. Auch Bartholomäus, Simon und Judas waren nach Indien unterwegs, um die Frohe Botschaft zu bringen.
Wie wir hörten, gibt es der Indien drei, eins größer als das andere, und das kleinste ist größer als die ganze Welt diesseits des Meeres.
Nun also kam Thomas ins Land der drei Könige, predigte den Glauben der Christen, heilte in Jesu Namen Kranke, erweckte Tote, trieb Teufel aus und bekehrte die Heiden. Als er in ihren Tempeln einen Stein aufgerichtet fand mit einem Stern als Zeichen und in dem Stern ein Kind und ein Kreuz, da fragte er die heidnischen Priester, was dieses Symbol bedeute. Da erzählten sie ihm von den drei Königen;

wie ihnen der Stern erschienen sei auf dem Berge Vaus, wie es ihnen vergönnt gewesen, in dreizehn Tagen nach Bethlehem zu reisen, wie sie das Kind gefunden und für die Heimreise zwei Jahre benötigt hätten.

Da freute sich Thomas und predigte umso herzlicher und berichtete von Jesu Empfängnis und Geburt, von seiner Lehre, seinem Wandel unter den Menschen, von der Kreuzigung und Auferstehung, wie er, Thomas, die Wunden des auferstandenen Herrn berührt habe, und von der Himmelfahrt. Der Apostel deutete auch die Gaben, die die Könige an der Krippe niedergelegt hatten, Gold, Weihrauch und Myrrhe, und weihte alle Tempel zu Ehren des göttlichen Kindes, den die Könige der drei Indien gesucht und angebetet hatten.

XVII.

So erfuhr Thomas von den drei Königen und wünschte sich, sie noch lebendig anzutreffen, und die drei Könige hörten von den Predigten des Apostels und hofften, ihn noch zu ihren Lebzeiten zu sehen. Denn sie waren inzwischen sehr alt. So bereitete ein jeder seine Reise vor. Mit großem Gefolge an Fürsten und Bediensteten brachen die Könige auf, zogen dem heiligen Thomas entgegen und empfingen ihn voll Würde. Und auch St. Thomas erwies ihnen seinen Respekt. Er erzählte ihnen, wie es unserem Herrn ergangen war, seit die drei Könige die Krippe verlassen hatten, und endlich taufte er sie und mit ihnen all ihr Volk. Da wurden die Sternseher vom Heiligen Geist erfüllt und sie halfen dem Jünger Christi, sich in Wort und Zeugnis ergänzend, das Evangelium zu verbreiten.

Darauf bestiegen sie gemeinsam den Berg Vaus. Der hl. Thomas weihte die Kapelle zur großen Freude aller auf den Namen Jesu Christi. Von nun an pilgerten viele Menschen von nah und fern zu dieser Stätte, und der Strom der Wallfahrer nahm von Jahr zu Jahr zu. Die Stadt zu Füßen des Berges, Stulla, blühte auf, sodass es heute in ganz Indien keine vornehmere Stadt gibt. In ihr nahm St. Thomas Wohnung.

Nachdem Thomas die drei Könige in der Lehre Christi unterwiesen und getauft hatte, da weihte er sie auch zu Priestern. Er setzte auch Bischöfe ein, ließ die heidnischen Tempel niederreißen und die Götzenaltäre zerstören. Vor den Menschen tat Thomas viele Wunder im Namen seines Herrn. Einige jedoch trachteten ihm nach dem Leben und suchten eine Gelegenheit, ihn zu töten.

XVIII.

Nachdem der hl. Thomas gestorben war und die Märtyrerkrone empfangen hatte, riefen die drei Könige alle Bischöfe und Priester des Landes zusammen, dazu die Fürsten und weltlichen Herren, um mit ihnen zu beraten, wer die Nachfolge des Apostels antreten solle. Dieser sollte ebenfalls Thomas heißen wie nach ihm alle, die in geistlichen Dingen dem Lande vorständen. Die Wahl fiel auf einen ehrwürdigen Mann mit Namen Jacobus Antiochus, der dem hl. Thomas nach Indien gefolgt war. Den wählten sie gemeinsam und setzten ihn zum Patriarchen ein. Seither heißen alle Patriarchen Indiens Thomas, und die Christen folgen ihm wie die Menschen hierzulande dem Papst in Rom.

Als die Wahl glücklich verlaufen war, gingen die Heiligen Drei Könige abermals mit sich und den Edlen des Landes zurate und überlegten, wer würdig sei, nach ihrem Tode Herr in weltlichen Dingen zu sein. Ihm sollte aber nicht nur die Regentschaft zufallen, sondern auch das Wächteramt über den Glauben, auf dass er Feinde entlarve, die dem Christentum zu schaden trachteten. Dieser Schirmherr sollte jedoch nicht König oder Kaiser heißen, sondern in echter Demut „Priester Johannes" genannt werden in Erinnerung an den Lieblingsjünger des Herrn und an Johannes den Täufer.

XIX.

Als nun die Heiligen Drei Könige ihre Nachfolge gesichert und Land und Leute versorgt hatten, beschlossen sie, beieinander zu bleiben. Sie zogen in die Stadt Stulla am Fuße des Berges Vaus und lebten dort noch etwa zwei Jahre.

Eines Tages, kurz vor Weihnachten, erschien über der Stadt ein schöner Stern, der nie zuvor gesehen worden war. Die drei Könige verstanden das Zeichen des Himmels wohl, nämlich dass ihr Ende nahte und Gott sie zu sich nehmen wollte. Sie ließen sich ein schönes Grab herrichten und feierten das Weihnachtsfest mit großer Freude. Acht Tage darauf, nachdem er gerade die hl. Messe gelesen, starb König Melchior. Er wurde hundertsechzehn Jahre alt. Seine Freunde bestatteten ihn mit großen Ehren.

Wenige Tage darauf, am Erscheinungsfest des Herrn, rief Gott den König Balthasar in die Ewigkeit, als er soeben den Gottesdienst gefeiert hatte. Er war hundertzwölf Jahre alt. Da legte ihn der überlebende König neben Melchior in dasselbe Grab. Sieben Tage danach starb auch Caspar nach der Messfeier; er erreichte sein einhundertneuntes Lebensjahr. Das Volk trug ihn mit großer Feierlichkeit zu Grabe, und als man ihn neben Melchior und Balthasar bettete, da rückten die Könige beiseite, um ihm Platz zu machen. Da erkannten alle, die bei dem Begräbnis zugegen waren, wie die drei Könige einander lieb gehabt hatten und dass sie auch im Tode nicht voneinander getrennt sein wollten. Der Stern blieb an der Stelle stehen, an der man sie bestattet hatte, bis zu der Zeit, da man ihre Leichname hinwegnahm.

XX.

Gott, der die drei heiligen Könige zu Lebzeiten sehr lieb gehabt hatte, erwies ihnen nun in der ewigen Seligkeit noch größere Ehre: Die Menschen, die sie in irgendeiner persönlichen Sache um Hilfe anriefen, erfuhren Trost und erlebten manches Wunder. Ob Alt oder Jung, Frau oder Mann, ob zu Wasser oder zu Lande, wo immer sie zu den heiligen drei flehten, gewährte Gott in seiner unendlichen Güte, dass ihnen auf die Fürsprache seiner Freunde geholfen wurde. So geschah es, dass sich viele Leute aufmachten, das Grab der Könige zu sehen. Sie kamen selbst aus fernen Ländern und harrten der Zeichen und Wunder.

So blieben auch die Leiber der drei Könige und die priesterlichen Gewänder, in denen sie begraben lagen, frisch und unversehrt wie am ersten Tag, und es sah aus, als ob die Toten lebten und schliefen.

XXI.

So verging viel Zeit. Dann aber säte der böse Geist Unkraut unter den Weizen. Manche Menschen in Indien vernachlässigten ihren Glauben, es kam zu Ketzereien und Spaltungen. Die Wallfahrt zum Grab der Heiligen Drei Könige ließ nach, und die Stadt Stulla verlor ihren guten Ruf.

Mit den Jahren wurden die Leichen der drei Könige bleich und aschgrau wie die anderer Toter, und auch ihr priesterliches Gewand zerfiel zu Staub.

Die Fürsten und Herren der drei Indien zerstritten sich und wurden uneins in ihrem Glauben. Daher nahm ein jedes Geschlecht seinen König aus der Gruft und überführte ihn in sein Heimatland. So waren die Heiligen Drei Könige über einen langen Zeitraum voneinander geschieden.

XXII.

Bis hierhin habe ich, Johannes von Hildesheim, euch berichtet vom Leben und Sterben der drei heiligen Könige, und ich müsste noch vieles sagen von der Zeit, als das Christentum um dreihundert Jahre nach der Geburt unseres Herrn zur Staatsreligion erhoben ward. Das geschah unter dem großen Kaiser Constantin, der durch Papst Silvester die Taufe empfing und zugleich von seinem Aussatz geheilt war. Einiges noch aber müsste ich niederschreiben vom Leben der Kaisermutter Helena, die in jenen Tagen in Judäa, jenseits des Meeres, bei den Juden lebte und die Bekehrung ihres Sohnes zu den Christen nicht wortlos hinnehmen wollte. Sie schalt und tadelte ihn, denn sie hielt viel vom Glauben der Juden. Constantin aber schrieb Briefe und rechtfertigte sich, und Gott fügte es, dass Helena sich für das Leben Jesu ereiferte.

Sie begann nämlich die Stätten aufzusuchen, an denen Christus einst lebte und wo er gestorben war. Sie forschte nach dem Kreuz, an dem er hing, und sie fand auch die Nägel, mit denen man ihm Hände und Füße durchbohrt hatte. Sie baute eine schöne Kirche über seinem Grab und ließ auch an anderen Orten Kirchen, Klöster und Kapellen errichten, so auch an der Stelle, wo der Engel den Hirten erschienen war und das „Gloria in excelsis Deo" zum ersten Mal erklang.

Nahebei, in Bethlehems Toren, fand sie auch die Krippe, wie wir schon hörten, dazu unserer Lieben Frauen Hemd und die Tücher, mit denen das Kind bedeckt war. Helena nahm alles an sich und überführte es in großer Ehrfurcht in die St.-Sophien-Kirche in Konstantinopel. Dort blieben die Reliquien bis zu den Zeiten König Karls, der nach Griechenland kam und den Christen half, dass das verlorene Land wieder ihr eigen werde. Karl, der treue Christenmann, brachte sie nach Aachen, wo man sie noch heutzutage in Unserer Frauen Münster zeigt, das dieser Herrscher stiftete.

Böse Zungen nannten Kaiser Constantins Mutter „unseres Herrn Stallfrau", weil sie eine herrliche Kirche über dem Stall, in dem Christus geboren ward, bauen ließ. Darum zeigt man noch jetzt in der Christnacht eine Tafel, auf der der hl. Hieronymus, der in dem Gotteshaus begraben liegt, mit eigener Hand geschrie-

Lucas Cranach d.Ä., Die heilige Helena mit Kreuz, 1525, Cincinnati Art Museum

ben hat, Helena sei eine gute Stallfrau gewesen, die die Krippe unseres Herrn getreulich aufgesucht und geschmückt habe.

An der Stelle, an der die Heiligen Drei Könige an der Krippe knieten und dem göttlichen Kind huldigten, steht am Tage der Erscheinung des Herrn ein großer vergoldeter Stern, der wird mit Schnüren bewegt, zum Gedächtnis, dass ein Stern die drei Fremden geführt und geleitet hat.

XXIII.

Da nun die ehrwürdige Kaiserin Helena ihr Werk vollbracht und Kirchen und Klöster gestiftet hatte, kam ihr der Gedanke an die drei Könige. Sie reiste in den Ländern umher, die wie die halbe Welt zum Römischen Reich gehörten, und forschte nach den Gebeinen der königlichen Besucher an der Krippe. So gelangte sie mit großem Gefolge auch nach Indien. Wie schmerzte es sie, dass sie den Glauben, den St. Thomas und die Könige gelehrt hatten, verdunkelt fand. Sie warf die Bilder der Abgötter nieder und stellte das Zeichen Christi auf, errichtete Bistümer und Pfarreien und stärkte die Gemeinden im Christentum.

Da erzählte man ihr, wie die heiligen Könige gelebt hätten und wo sie gestorben seien. Da bewies Gott abermals seinen Großmut und ließ Helena das verschüttete Grab wiederentdecken. Weil das gesamte Gebiet römisch war, so erwarb sie bei den Landesherren und besonders beim Priester Johannes die Zustimmung, dass man ihr und ihrem Sohn, dem Kaiser, zuliebe die Gebeine der Könige Melchior und Balthasar aushändigte; den Leichnam König Caspars hatten die Nestorianer auf die Insel Egrysculla geschafft, wo sie ihn in einem Schloss verwahrten. Und kein Bitten und Drohen nützte, um seine sterbliche Hülle freizubekommen.

XXIV.

Die Kaisermutter mochte nicht dulden, dass die drei Könige getrennt ruhten. So sandte sie Fürsten und andere edle Herren zu den Nestorianern, um zu verhandeln, und bot ihnen schließlich den Leichnam des Apostels Thomas zum Tausch für die Gebeine König Caspars an. Der hl. Thomas war den Nestorianern schon zweimal genommen worden. So sorgte Helena dafür, dass ihnen Recht geschah. Kaum waren die Gebeine der drei Könige wieder vereint, da erfüllte ein unaussprechlich edler Duft die ganze Gegend, und niemand konnte genug davon bekommen. Helena überführte die Könige in die Hauptstadt Griechenlands, die Konstantinopel heißt, weil Kaiser Constantin sie erbauen ließ. Dort wurde der Leichenzug vom Volk begeistert und ehrenvoll empfangen.

In Konstantinopel gibt es eine Kirche, die der hl. Sophie geweiht ist. Sie soll so groß sein wie kein zweites Bauwerk ihrer Art. So könnte der größten Schiffe eins, die über das Meer fahren, mit allen Segeln und Mastbäumen in der Kirche hin und her fahren und wenden. Es gibt hier auch manche marmorne Säule, die der Kaiser mit einem Kind und der Hilfe Gottes errichtete, sowie manches Heiligtum, wie unseres Herrn ungenähten Rock und einen der drei Nägel, mit denen man Christus ans Kreuz heftete. Doch die Griechen wussten diesen Reichtum nicht zu würdigen. So gelangte die Dornenkrone, die sich hier ebenfalls befand, in die Kapelle des Königs von Frankreich in Paris, zum Dank für die Hilfe König Ludwigs im Kampf gegen die Tartaren und Sarazenen.

In der Sophien-Kirche begrub Helena die drei heiligen Könige mit großer Pracht und Herrlichkeit. Und alles Volk strömte herbei und wurde Zeuge der Wunder und Zeichen. Das blieb so manches Jahr. Als der Kaiser und seine Mutter jedoch gestorben waren, blühte der Unglaube wieder auf. Unter Kaiser Julianus hatten die Christen viel zu leiden. Die Heiligen Drei Könige beachtete niemand mehr. Da gewannen die Türken und Sarazenen die Oberhand und bedrohten Griechenland.

XXV.

Wie die Heiligen Drei Könige von Konstantinopel nach Mailand und von dort nach Köln gelangten, will ich zum Abschluss des Buches niederschreiben.

Der römische Kaiser Mauricius kam der Stadt Konstantinopel mit Unterstützung eines Mailänder Heeres zu Hilfe. In seinen Diensten befand sich ein gelehrter Mann mit Namen Eustorgius, der in Griechenland geboren war. Eustorgius reiste einmal mit einer geheimen Botschaft des Kaisers nach Mailand. Die Mailänder fanden Gefallen an dem Mann und bestimmten ihn zu ihrem Bischof. Für seinen weisen Rat und seine nützlichen Dienste überließ ihm der Kaiser die Gebeine der drei Heiligen. Bischof Eustorgius bettete die Leichname der Könige in eine Mailänder Kirche, wo auf ihre Fürsprache große Zeichen vor dem Volk geschahen.

Man zählte das Jahr tausendeinhundertdreiundsechzig, da erhob sich die Stadt Mailand gegen Kaiser Friedrich den Rotbart. Der Kaiser zog mit einem gewaltigen Heer heran und belagerte die Stadt. Die Vornehmen der Stadt nahmen die Leichname der drei Könige und verbargen sie an einem geheimen Ort.

Des Kaisers Friedrich treuer Diener hieß Reinold*, der war Bischof von Köln. Nachdem die Stadt eingenommen war, bezog der Bischof den Palast eines Edlen, den der Kaiser vor allen nicht leiden mochte. Da suchte der Herr des Hauses den Bischof heimlich auf und bat, ihm zu helfen, beim Kaiser Gnade zu finden. Dafür wolle er sich einsetzen, dass der Bischof die Gebeine der drei Könige gewänne. So geschah es: Der Kaiser versöhnte sich mit dem Edlen, und dieser zeigte dem Bischof, wo die Gebeine ruhten.

Nun also wurden die Leichname abermals gehoben und mit des Kaisers Erlaubnis einem neuen Ziele zugeführt. Bischof Reinhold geleitete sie in seinen Dom zu Köln zur letzten Ruhe, und dort liegen sie noch heutigen Tags beisammen, so wie sie sich zu Lebzeiten geliebt hatten.

* gemeint ist Bischof Rainald von Dassel

XXVI.

Die Kölner freuten sich über den Schatz in ihren Mauern. Sie betrachteten ihn als ihr Eigentum und setzten drei Kronen in ihr Wappen. Gott wirkte auf die Fürsprache der drei viele Wunder bis auf den heutigen Tag. Aus fernen Ländern wallfahrten die Menschen zum Schrein der Heiligen. Fürsten, Edle und vor allem das Volk – alle ziehen in Scharen herbei, bringen überschwänglich Opfer und bereichern die Kirche von Köln bis in alle Ewigkeit.

Als der alte Dom verbrannte, da glaubte Bischof Konrad, sein Schatz sei unerschöpflich, und begann den Bau des neuen Doms, in dem die Heiligen Drei Könige rasten und ruhen sollen bis an den jüngsten Tag. An diesem Dom wird jetzt, nach sechshundert Jahren, mit neuem Eifer fortgebaut.

XXVII.

In Indien und den Ländern des Orients erzählt man sich und findet in Büchern aufgeschrieben viele wunderliche Dinge von den drei Königen in Köln. Davon weiß man hierzulande wenig. So wird berichtet, dass der Stern, der vor dem Tode der drei Heiligen über der Stadt Stulla stand, die am Fuße des Berges Vaus liegt, noch heute unbeweglich über Köln stehe. So liest man auch, dass vor dem Sarge der drei heiligen Könige ebenfalls ein Stern leuchte, jenem gleich, der ihnen in der Christnacht erschienen sei und sie geleitet habe. Auch wird überliefert, dass die rechten Arme der Könige zu Köln mit kostbaren Steinen reich besetzt seien. In des einen Königs Hand ruhe Gold, in des anderen Weihrauch und in des dritten Myrrhe. Wenn die Arme an hohen Festtagen den Pilgern gezeigt würden, so reibe man die heiligen Gebeine vorher mit Gold oder Silber und es verbreite sich ein Duft, köstlicher als alles Gewürz.

Es steht auch geschrieben, dass die Kölner in großer Not eine Prozession um die Stadt machten und dabei neben dem hl. Sakrament auch die Reliquien der drei Könige zu einer bestimmten Kirche führten. Ein Priester trage die Monstranz, drei Geistliche mit Kronen auf dem Haupt je einen kostbaren Arm der Heiligen. Und dem Zug voraus zöge der Stern. In der Kirche stellten sie die Monstranz und die Arme auf den Altar, und ein jeder der gekrönten Priester opfere, wenn die Zeit gekommen sei, in des einen Hand Gold, in des anderen Weihrauch und in des dritten Myrrhe. So vergäße der Herr im Himmel seinen Zorn und löse die Stadt Köln aus ihrer Betrübnis.

XXVIII.

Auch das leere Drei-Königs-Grab, so erzählen die frommen Menschen von Indien, worin die Gebeine zuerst geruht, stehe in ihrer Heimat noch immer in hohen Ehren. Es kämen Pilger selbst aus fernen Ländern, um es zu sehen. Andererseits kaufen Inder, die des heiligen Grabes oder des Handels wegen nach Jerusalem kommen, von unseren Kaufleuten Fingerringe, die die Gebeine der Heiligen Drei Könige berührt haben, bringen sie den Kranken, von denen schon viele genesen seien, und halten die Schmuckstücke in Ehren. In Jerusalem trifft man auch auf Pilger, die Ringe, Spiegel, Rosenkränze und andere Kleinode in ihrem Gepäck mitführen und sagen, sie hätten sie aus Köln mitgebracht. Sie zeigen auch Erde vom Kirchhof der elftausend Jungfrauen zu Köln. Die Inder und andere Morgenländer kaufen die Erde und die Geräte gern auf und nehmen sie mit in ihre Lande. Denn an manchen Gegenden müssen die Menschen viel leiden: So gibt es zum Beispiel Frösche und anderes Gewürm mit viel Geschrei. Wirft man aber die Erde in den Sumpf, so schweigen die Frösche still und lassen sich nicht mehr hören. Manche Inder, die nach Jerusalem pilgern, bitten, dass man sie hinüberfahre nach Köln. Nur fürchten sie die große Kälte. Viele, die aufbrachen, mussten umkehren oder sind gar gestorben. Denn die Inder sind daheim keine Kälte gewöhnt. Sobald sie nur ihr Land verlassen haben, klagen sie über Frost. Sie ziehen Pelze an, die ihnen bis an die Knöchel reichen.

Die Inder sind kleine Leute, braun im Gesicht, aber klug und sinnig in vielen Dingen. Wenn sie in Jerusalem sind und etwas von Köln und den Heiligen Drei Königen hören, so schreiben sie es sogleich auf, um es dem Priester Johannes berichten zu können, wenn sie heimkommen. So hat es doch den Anschein, dass die drei Könige im ganzen Orient in großen Ehren gehalten werden.

XXIX.

Freuen wir uns der drei heiligen Männer, die nach den Engeln und Hirten die ersten Pilger an der Krippe des Gotteskindes waren. Und freue du dich, Köln, du ehrenreiche Stadt! Gott hat dir seinen großen Schatz gesandt und mit ihm so manches Wunder begangen. Ausgezeichnet bist du vor anderen Städten. Deshalb sollst du und auch du, geneigte Leserin und geneigter Leser meines Buches, nicht aufhören, Gott für diese Gabe zu danken und die drei heiligen Könige zu loben und zu ehren.

Die Heiligen Drei Könige
in der Kunst

Begegnung auf halbem Weg

Ein Bild in Bewegung. In Aufruhr. Da stürmen drei Reiterscharen auf ein Ziel zu, begegnen sich an einem Sakramentshäuschen, das normalerweise innerhalb eines gotischen Kirchengebäudes der Aufbewahrung des eucharistischen Leibes Christi dient. Hier aber steht es in freier Natur, Städte und Burgen befinden sich in weiter Entfernung. Zeitgleich sind die Trupps angekommen, sie haben Mühe, ihre Pferde zu bändigen. Ihrer Kleidung nach sind es vornehme Herren mit Gefolge – Könige, die ein Stern aus verschiedenen Richtungen hierher geführt hat. Europa, Afrika und Asien sind sinnbildlich hier zusammengekommen; die übrigen Kontinente waren noch nicht entdeckt. Der Schwung, mit dem die Könige hier ankommen, lässt die Erde beben, Tiere jagen erschreckt davon, andere in Begleitung ihrer Herren machen sich misstrauisch miteinander bekannt. Das Bild lässt auch erkennen, dass der Künstler einen echten Leoparden oder eine Wildkatze noch nicht gesehen hat. Wer hier ein Kind anbeten und ehren will, muss zur Ruhe kommen. Das aber wird nach dem Trubel auf diesem Bild eher noch etwas dauern.

Brüder von Limburg, Die Begegnung der Heiligen Drei Könige, 1410–1416, Miniatur aus dem Stundenbuch *Très Riches Heures* des Herzogs von Berry, Chantilly, Musée Condé

Göttlicher Glanz

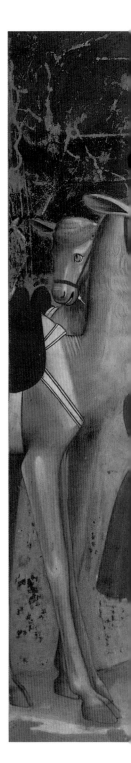

Welche Erhabenheit. Welcher Glanz. Mit fast überirdischer Hoheit beugt sich der erste König vor dem Wickelkind Jesus und erweist ihm hoheitsvolle Reverenz. Andächtig betrachten die anderen Personen die Szene, Maria in der Gewissheit, dass ihr göttliches Kind diese Achtung verdient, Josef in stummer Ergriffenheit und nicht wie sonst oftmals als Randfigur, die Hebamme Salome mit dem Ausdruck eines sorgenden Engels. Die anderen warten in scheuer Distanz, als sei das Geschehen Teil eines Gottesdienstes.

Selbst das Kamel, das sich, wie es scheint, ungestüm nach vorn drängen möchte, hat die heiligen Personen im Blick. Die ersten Bilder mit dem Thema Heilige Drei Könige stammen aus dem 4. Jahrhundert als dekorative Stücke für Katakombenmalereien und Reliefs an Sarkophagen. Dieses Bild ist Teil eines Freskenzyklus', den Giotto di Bondone in den Jahren 1303 bis 1306 an die Wände und das Gewölbe der Scrovegni-Kapelle malte. Über dem Stall deutlich sichtbar steht der Stern von Bethlehem, vermutlich eine der frühesten Darstellungen des Halleyschen Kometen, der 1301 mit bloßem Auge zu sehen war.

Giotto di Bondone, Anbetung der Heiligen Drei Könige, 1303–1305, Fresko, Padua, Cappella degli Scrovegni

41

Huldigung
der Vornehmen

Hochherrschaftlich geht es auf diesem Ge-
mälde zu. Um die es hier vornehmlich geht,
sitzen erhöht, wie in einem Thronsaal, ob-
gleich das Gemäuer ringsum die Schadhaf-
tigkeit der Residenz dokumentiert. Könige
sind gekommen mit viel Gefolge. Während
der erste die Füße des Jesuskindes berührt
und seinen Segen empfängt, scheinen sich
die beiden anderen im Vordergrund zu fragen: Gehst du als Nächster oder lässt du
mir den Vortritt? Maria achtet auf jede Bewegung ihres Sohnes. Josef döst, schein-
bar wenig interessiert, im Hintergrund, den
Kopf auf den rechten Arm gestützt. Neben
ihm eine Ration von Lebensmitteln. Das
Gefolge diskutiert. „Was hältst du von der
Huldigung?" – „Warum sind wir überhaupt
in diese elende Umgebung gekommen?"
Ganz fern links im Hintergrund unter den
brüchigen Säulen sind noch zwei Besucher
unterwegs.

Sandro Botticelli, Anbetung der Könige, um 1475,
Florenz, Galleria degli Uffizi

Himmlische Wirklichkeit

Stefan Lochner hat sein Bild gekrönt. Er wusste, welche Bedeutung der Besuch der Heiligen Drei Könige in Bethlehem besaß. Keine Hausruinen, kein verfallener Stall, sondern die Erhabenheit einer goldenen Rückwand wählt er als Szenerie. Gold ist die Farbe der Sonne, des göttlichen Lichts und des Heiligen Geistes. Der goldene Hintergrund bei Gemälden deutet auf eine himmlische Wirklichkeit hin. Davor sieht man einen Thron, der einer Herrscherin würdig ist, bemalt mit Rankenwerk und Blumenschmuck. Und Maria mit der Krone, Ausdruck der Würde, der Macht und Weihe. Das segnende Kind auf ihrem Schoß mit einem goldenen Heiligenschein bestimmt die Bildmitte. Dagegen wirken die Könige klein. Der demütige Greis, der staunend und anbetend kniet, und der zweite König mit einem wertvollen Gefäß als Geschenk in der Hand sind symmetrisch um die Bildmitte angeordnet. Der dritte König rückt als Randfigur in den Hintergrund, wo er mit verhaltener Neugier abwartet, bis die Reihe an ihn gekommen ist. Schwarz gekleidete Engel, klein wie Putten, schwirren ins Bild, Schutzgeister des Himmels, die die Szene bewachen.

Stefan Lochner, Anbetung der Könige, Mittelbild des Altars der Stadtpatrone, auch bekannt als „Dreikönigsaltar", um 1445, Kölner Dom

Alle eilen zum Kind

Das geht hier zu wie in einem Taubenschlag!
Die halbe Welt ist auf dem Weg nach Bethlehem. Eine Höhle wird zum Zentrum der Ver-
ehrung. Maria residiert ergriffen in der Mitte,
umgeben von schwirrenden Putten, und nimmt
die Huldigungen der Besucher entgegen. Josef
steht, abwartend den Stock in der Hand, wie eine
Randfigur dabei. Jesus empfängt die Könige mit
dem Segensgestus. Der erste König geht in die
Knie, der zweite nähert sich mit großen Schrit-
ten, der dritte kniet in gebührendem Abstand.
Hinter ihm und seitlich warten Besucher auf die
Audienz. Auf dem staubigen Pfad kommen weitere Besucher mit schwer bepackten Kamelen
und Pferden, manche drängelnd, andere zöger-
lich. Pausierend warten einige Besucher auf Bän-
ken, bis sich der Stau vor der Höhle lichtet. Im
Hintergrund sitzt einer erschöpft auf dem Weg.
Im Dunkel der Höhle betrachten Ochs und Esel
schläfrig, was vor ihren Augen geschieht. Über
der Höhle schauen weitere Engel auf die Szene
herab. Ein einzelner Strahl des Sterns von Bethlehem deutet wie ein Wegweiser auf Jesus.

Andrea Mantegna, Anbetung der Könige, 1466, Detail
eines Triptychons, Florenz, Galleria degli Uffizi

Das ruhende Kind

Wohin zielen alle Blicke? Auf das göttliche Kind in der Krippe. Maria hält es erwartungsvoll den neuen Gästen entgegen. Sie haben Geschenke mitgebracht, aber was sind schon so kostbare Gaben im Verhältnis zu diesem im Schoß seiner Mutter ruhenden Kind? Da muss man niederknien, die Hände falten und anbeten. Oder die Hand auf die Brust legen als Zeichen höchster Ehrerbietung. Der Alltag außerhalb des ruinösen Hauses nimmt von dem Geschehen wenig Notiz. Ein paar neugierige Beobachter blicken in den fensterlosen Raum. Was geht hier vor? Der direkt vor dem Kind kniet, ein König, richtet seinen Blick unverwandt und ergriffen auf den kleinen Jesus in Marias Schoß, der neugierig auf die Gaben schaut, die zu seinen Füßen liegen. Josef staunt mit offenem Mund über den unerwarteten Besuch. Draußen, links vor dem Haus, wachsen ein paar Schwertlilien, ein Mariensymbol und Zeichen der Versöhnung zwischen Gott und den Menschen.

Hugo van der Goes, Die Anbetung der Könige, um 1470, Montforte-Altar, Gemäldegalerie, Berlin

Friedensfürst
in schweren Zeiten

Ein baufälliger Stall. Behörden hätten längst den Abriss verfügt, doch für die Geburt des göttlichen Kindes muss er noch herhalten. Maria und das Kind sitzen an der Abbruchkante – nicht ungefährlich, betrachtet man das eingeknickte Lattengerüst. Ein übermütiger Hirte hat sich auf dem Dach niedergelassen, ein höchst gefährlicher Rückzugsort. Und auch andere Augenzeugen sind dabei, während einer auch aufs Dach hinauf will. Rätsel gibt die fast nackte Figur im Hintergrund zwischen den Königen auf. Dieser Mann trägt ebenfalls eine Krone und ist nur mit einem roten Umhang bekleidet. Es könnte sich um König David oder um Bileam aus dem biblischen Buch Numeri handeln.

In der Ebene am Fluss exerzieren Soldaten, oder sind sie feindlich gesinnt und greifen an? Das Kind wird doch Friedensfürst genannt! Ein Esel schleppt seine Last, davon unberührt. Links entfaltet sich dörfliches Leben, im Hintergrund aber, hinter Schafherde und Windmühle, putzt sich die Großstadt heraus.

Hieronymus Bosch, Die Anbetung der Könige, um 1510, Detail eines Triptychons, Madrid, Museo del Prado

Segensbringer

Die Schlichtheit dieser Schnitzarbeit lässt sich nicht überbieten. Aus dem Holz geschält und umrankt von schmückendem Zierwerk erscheinen die Heiligen Drei Könige vor der Heiligen Familie. Der erste König ist in Andacht versunken und drückt mit seinen gekreuzten Armen Ergebenheit und Hingabe aus, während die beiden anderen und ihr Gefolge warten. Der zweite König präsentiert schon mal sein Geschenk, während der dritte die Hand wie zum Segen erhebt. Sehnend schaut Jesus die Betrachter des Bildes an. Nicht nur den Besuchern gilt dieser Gruß, sondern allen, die hier und in der Welt versammelt sind. Die ersten drei Finger sind ausgestreckt, die übrigen eingeschlagen. Im Westen wurde dieser Segensgestus seit dem 13. Jahrhundert durch den Segen mit der gestreckten Hand, der noch heute üblichen Form, ersetzt. Pius V. schrieb ihn im 16. Jahrhundert verbindlich für die ganze Kirche vor.

Michael Parth, Anbetung der Könige, 1520, Flachrelief aus Holz, Brixen, Museo Diocesano

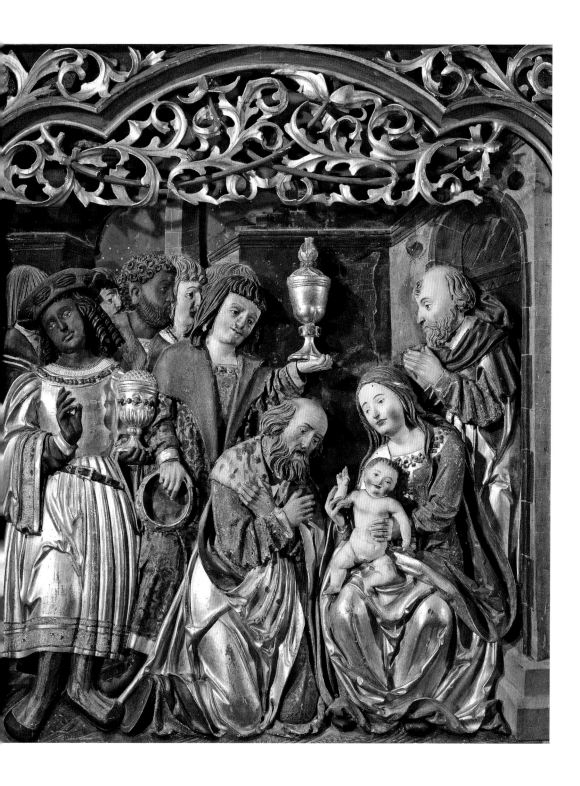

Bethlehem ist überall

Vornehme Zurückhaltung, eingeübte Begegnungszeremonie? Kein unge-
stümes Drängen hin zum göttlichen Kind, das als einziges eine Bewegung
hin zu seinen Gästen macht. Segnend begegnet es dem Mann zu seinen
Füßen, dem ersten der drei Könige. Daneben warten souverän mit ihrer
Gefolgschaft die anderen, ohne Anzeichen von Nervosität. Rechts hinter
ihnen steht ein junger Mann andächtig und betet. Maria, die Hoheitsvolle,
sieht auf ihren segnenden Jesus. Dagegen blickt Josef, auf seinen Stab
gestützt, ein wenig kritisch auf die Szenerie zu seinen Füßen. Ochs und
Esel gehören zu diesem Stall. Dabei ist im Lukasevangelium von ihnen
und der Unterkunft keine Rede. Der Evangelist spricht lediglich von einer
Krippe in einer Herberge. Der Künstler hat Bethlehem ans Meer verlegt,
das unterhalb der Felsen zu sehen ist. Hirten können ihre Schafe auf diesem Territorium nicht weiden. Aber vielleicht ist Bethlehem ja nicht nur
im Heiligen Land zu finden, sondern überall?

Pietro Perugino, Die Anbetung der Könige, 1475, Perugia, Galleria Nazionale dell'Umbria

Winterliches Gewimmel

Alles kann man hier erwarten, nur nicht die Geburt des göttlichen Kindes in der Krippe. In diesem Gewirr auf dem winterlichen Dorfplatz geschieht so ziemlich alles, was eine lebendige Gemeinschaft ausmacht. Da schöpfen Leute Wasser aus dem Bach, bearbeiten einen gefällten Baum, schleppen Säcke, gehen zum Fischfang. Andere treibt es aus dem Dorf hinaus oder vor Kälte wieder ins Haus. Die Hände sind in den Taschen und Muffs verborgen. Schutz vor dem eisigen Wind bieten Ecken und Mauervorsprünge und ein loderndes Feuer, um das sich einige Menschen scharen. Was für eine unbekannte Ladung liegt auf den Rücken der Pferde, kostbar und fremd? Und dann gehen einige Personen feierlich und gesammelt auf einen Stall zu. Dort hält Maria das Kind in den Armen, im Hintergrund schaut Josef zu. Die da kommen, dem Kind zu huldigen, könnten aus einer Dorfgemeinschaft stammen, trügen sie nicht eine wärmende teure Pelzbekleidung und wachte nicht eine Schutztruppe von Soldaten über sie. Könige sind sie? Wahrhaftig! Sie fallen im Alltagsgewirr nicht weiter auf.

Pieter Brueghel d. J., Die Anbetung der Könige im Schnee, 1617–1633, Venedig, Museo Correr

Wortloses Zwiegespräch

Eine so enge Tuchfühlung zwischen dem ersten der drei Könige und dem Jesuskind hat es noch nicht gegeben. Interessiert und vertraut fassen ihre Hände ineinander, wobei das Kind es offenbar auch auf die Mantelbrosche des Besuchers abgesehen hat. Maria, wie oft zurückhaltend, aber ihr Kind mit sicheren Händen haltend, beobachtet das wortlose Zwiegespräch zwischen den beiden. Josef sieht amüsiert zu. Seine Hand fährt an den Kopf: Ach, so viel Glück auf einmal! Die beiden anderen Könige sind auf den Seitenflügeln des Triptychons zu sehen. Im Hintergrund der mittleren Tafel ist eine Wachmannschaft aus dem Gefolge der Könige versammelt. Der Rest einer Säule zeigt, dass die Begegnung in einem zerstörten Palais in einer Felsenlandschaft stattfindet, in der es noch mehr Ruinen gibt. Sie geben dem Bild eine verhaltene Würde und Melancholie. Psychologisch erinnern sie an die Vergänglichkeit allen individuellen Seins. Sie sind ein Zeugnis vergangener Pracht und Größe, die bis in die Gegenwart anhält.

Joos van Cleve, Anbetung der Könige, Triptychon, um 1525, Neapel, Museo Nationale di Capodimonte

Krone im Staub

„Was hast du denn da mitgebracht?", scheint Jesus zu fragen und fingert nach der Schatzkiste. Er hat die ersten Wochen nach seiner Geburt in einem Stall anscheinend glücklich überstanden. Seine Mutter, noch immer beseelt von dem glücklichen Augenblick seiner Geburt, hat nur Augen für ihr Kind. Die drei Könige, weise Herren unterschiedlichen Alters, sind, hergeleitet vom Stern unter dem Dach, entzückt von dem Anblick. Der erste in Gestalt König Karls IV. von Ungarn und Böhmen hat seine Krone in den Staub gelegt, während die anderen noch auf ihren Auftritt warten. Josef, der Nährvater, hat sich aus der Szene geschmuggelt, vielleicht weil er sich nicht für so wichtig hielt. Aber Ochs und Esel, die treuen Gefährten, sind da. Dass sie an der Krippe auf das Alte Testament verweisen, ist die Meinung einiger Historiker. Dort heißt es beim Propheten Jesaja: „Es kennt der Ochse seinen Besitzer und der Esel die Krippe seines Herrn; Israel aber hat keine Erkenntnis, mein Volk hat keine Einsicht" (Jes 1,3). Ochs und Esel besaßen zur damaligen Zeit einen hohen Stellenwert als unverzichtbare Arbeitshilfen bei der Feldarbeit. Sie waren die ersten Zeugen der Botschaft von der Menschwerdung Gottes.

Unbekannter Künstler, Karl IV., König von Böhmen und Ungarn, bei der Anbetung des Jesuskindes, 15. Jh., Mitteltafel des Wenzelaltars, Domschatzkammer Aachen

Bartolo di Fredi, Anbetung der Könige, 1367, Siena, Pinacoteca Nazionale

Johannes von Hildesheim und
die Legende der Heiligen Drei Könige

Der Karmeliter, Theologe und Schriftsteller Johannes von Hildesheim erblickte zwischen 1310 und 1320 das Licht der Welt. Nach dem frühen Tod der Eltern besuchte er die Lateinschule „Andreanum" in seiner Heimatstadt und trat in jungen Jahren in das einzige Karmeliterkloster Niedersachsens in Marienau bei Coppenbrügge im heutigen Landkreis Hameln-Pyrmont ein. Es wurde auch „to deme Ouhagen" (zum Auhagen) genannt.

Der begabte junge Mönch studierte von 1351 bis 1355 in Avignon bei Petrus Thomasius, dem späteren lateinischen Patriarchen von Konstantinopel, und war 1353 in Aachen an der Gründung einer Ordensniederlassung beteiligt. 1358 ernannte ihn das Generalkapitel zum „Biblicus" mit dem Auftrag, an der Universität Paris biblische Vorlesungen zu halten. Von hier schied er 1361 als „Baccalaureus", mit dem ersten akademischen Grad, der von Hochschulen nach Abschluss einer wissenschaftlichen Ausbildung vergeben wird. Noch im selben Jahr wählte ihn das Provinzkapitel in Köln zum Prior und Lektor des Klosters in Kassel, das 1262 auf Bitten der hessischen Landgrafen erbaut worden war. 1364 erging der Ruf an Johannes nach Straßburg, wo er zunächst zum Lektor, dann auch zum Prior und „Lector principalis" bestellt wurde. 1367 reiste er nach Rom; Lucas von Penna stellte ihn Papst Urban V. vor. Nach einem Zwischenaufenthalt in Speyer kam der vielbeschäftigte Mönch in sein heimatliches Kloster Marienau zurück, dem er fortan als Prior bis zu seinem Tode diente. Sein Grabspruch heißt auf Latein: „Unter diesem Stein ruhen die Gebeine, im Himmel aber ist der geistliche Leib des ehrwürdigen Paters Johannes von Hildesheim, des rastlos tätigen Priors dieses Konvents, gestorben am 5. Mai 1375."

Johannes von Hildesheim stand mit führenden Männern seiner Zeit brieflich in Verbindung. Sein Werk „Vita trium regum" über die Heiligen Drei Könige erlangte Berühmtheit. Es erschien 1364 auf Latein und war dem Bischof von Münster, Florentius von Wevelkoven, gewidmet und auf dessen Geheiß verfasst worden.

Hildesheim unterhielt wie Köln eine alte Dreikönigstradition. Der Kölner Erzbischof Rainald von Dassel, der die Gebeine 1164 nach Köln überführen ließ, war vor seiner Kölner Zeit Dompropst in Hildesheim gewesen und hatte der hiesigen Kirche Fingerreliquien der Heiligen geschenkt.

Johann Wolfgang von Goethe äußerte sich gegenüber Sulpiz Boisserée begeistert über die Dreikönigslegende. „Ich meine nicht, dass irgend etwas Anmutigeres und Zierlicheres dieser Art mir in die Hände gekommen. Weder Pfaffentum noch Philisterei noch Beschränktheit ist zu spüren."

Nach frühen Abschriften 1477 und 1514 entdeckte Johann Wolfgang von Goethe die mittelalterliche Handschrift im Jahr 1819 wieder. Der Theologe und Redakteur Gustav Schwab bearbeitete daraufhin diese Handschrift für eine neue Ausgabe, die 1822 erschien. Von Goethe stammt auch folgender Vers, der am Anfang dieser Ausgabe abgedruckt ist:

Wenn was irgend ist geschehen,
hört man's noch in späten Tagen;
immer klingend wird es wehen,
wenn die Glock ist angeschlagen;
und so lasst von diesem Schalle
euch erheitern, viele, viele,
denn am Ende sind wir alle
pilgernd Könige zum Ziele.

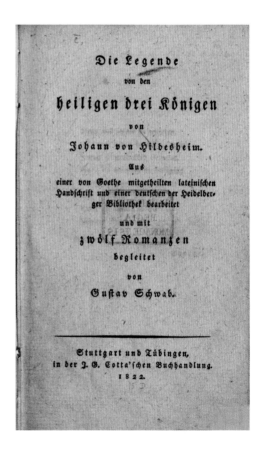